6 FEVR. 1839

9 févr. 1839

V

Vol 4 -80

# CATALOGUE
# D'OBJETS D'ART
## ET DE HAUTE CURIOSITÉ,

**TELS QUE**

*Bois et Ivoires sculptés, de travail gothique; Pierres gravées, Camées, Bijoux d'or et d'argent, Objets en matières précieuses, Tabatières, Curiosités chinoises, Verrerie de Venise, Vitraux, etc.,*

**FAISANT PARTIE DU CABINET
DE M. DEBRUGE DUMENIL,**

DONT LA VENTE AURA LIEU, PAR SUITE DE SON DÉCÈS,
en son domicile,

*rue Grange-Batelière, 2,*

Les Mercredi 6, Jeudi 7, Vendredi 8 et Samedi 9 Février 1839,
à midi et à six heures de relevée.

---

*EXPOSITION PUBLIQUE,*
Les Dimanche 3, Lundi 4, Mardi 5 du même mois, de midi à 4 heures.

---

## première vente.

Se distribue, à Paris,

Chez MM. BONNEFONS DE LA VIALLE, Commissaire-Priseur, rue de Choiseul, 11;
DUCROQ, Commissaire-Priseur, rue des Bons-Enfants, 28;
ROUSSEL, Expert, quai Malaquais, 13.

à Londres,

TOWN et EMMANUEL, new Bond-Street, 103.

---

**1839**

PARIS. — IMPRIMERIE PANCKOUCKE, RUE DES POITEVINS, 14.

## AVIS.

Les objets à vendre étant trop nombreux pour composer une seule et même vente, on a pensé qu'il serait mieux de les diviser en plusieurs ventes séparées, composées chacune d'environ 500 lots d'objets variés; la première aura lieu le 6 février, la deuxième le 6 mars 1839, et les autres vers la fin de la même année et au commencement de 1840. Les Catalogues de ces différentes ventes seront distribués successivement, un mois d'avance à l'étranger, et huit jours d'avance à Paris.

# CATALOGUE
# D'OBJETS D'ART
## ET DE HAUTE CURIOSITÉ.

### Bois sculptés.

1 — Triptyque gothique avec bas-reliefs très-fins, représentant des sujets de sainteté. Cet objet, d'une grande fraîcheur, est de style grec du Bas-Empire.

2 — Croix gothique sculptée des deux côtés, ornée d'un grand nombre de petits bas-reliefs, représentant des sujets de la Passion; elle est enchâssée dans une croix en argent.

3 — Triptyque du xv$^e$ siècle, représentant des arabesques du meilleur style. La feuille du milieu est sculptée des deux côtés.

4 — Diptyque gothique, avec sujets de sainteté, dont le Baptême de saint Jean.

5 — Petite figurine : Homme assis mettant son bas.

6 — *Idem* : Le bon Pasteur. La tête et les extrémités sont en ivoire.

7 — Groupe de deux figures : Homme ivre soutenu par sa femme; travail flamand.

8 — Casse-noisette; Femme allaitant son enfant; joli travail.

9 — Très-grande râpe à tabac, du temps de Louis XV; elle

est ornée de bas-reliefs à sujets, dans le style de Watteau.

10 — Bas-relief : Jeunes Satyres et leur mère, jouant avec une panthère; travail flamand.

11 — Meuble du xvi° siècle, avec fontaine en cuivre, en forme de tourelles.

## Ivoires sculptés.

12 — Grand Calvaire composé ainsi qu'il suit : un Christ portant trente-trois pouces de haut; la Vierge et saint Jean; ces deux belles figures ont vingt pouces et demi de haut; deux Anges de quatorze pouces et demi de haut; quatre Chérubins et un Calice. La croix est en ébène sur socle à trois marches, en marqueterie de bois.

Ce magnifique ensemble peut être considéré comme unique, à raison de la grande proportion des figures.

13 — Enfant Jésus; grosse figurine dont les cheveux sont dorés.

14 — Petit monument, composé de deux groupes de figures; Adam et Ève et un sujet mythologique, placés au-devant d'un fronton orné de petites figures d'anges.

15 — Trois petites figurines : Joueurs d'instruments de musique.

16 — Poivrière avec bas-relief, représentant Diane et Actéon.

17 — Petite poudrière, forme de bouteille à long col, avec enfants et guirlandes de fleurs.

18 — Buste d'un des fils de Louis XIV.

19 — Enfant Jésus portant une croix : il est debout sur une

sphère ornée de bas-reliefs, représentant des sujets allégoriques; le piédestal contient un mouvement de montre.

20 — Petite figurine : Femme couronnée sur un cheval.
21 — Un Enfant sur un cheval.
22 — Cuiller gothique, avec un saint George sur le manche.
23 — Jolie figurine de Vieillard mendiant.
24 — Jeune Femme portant un panier de fruits sur la tête.
25 — Figure de saint, couché; en dent d'hippopotame.
26 — Le Marchand de cantiques; jolie petite figurine.
27 — La Vierge et l'Enfant Jésus; travail du xvi<sup>e</sup> siècle.
28 — Figurine debout : Guerrier armé de pied en cap.
29 — Boîte ronde ornée de bas-reliefs, représentant des paysages.
30 — Vierge et Enfant Jésus, avec couronnes en argent.
31 — Le divin Pasteur.
32 — Tête de mort à double face.
33 — L'Évêque saint Claude; très-bon travail.
34 — Vierge gothique, debout sur un croissant; les vêtements sont rehaussés d'or.
35 — Grand coffret à pans, du temps de Louis XIII. Le pourtour est décoré de colonnettes, entre lesquelles sont placés des bustes d'empereurs romains, une figure de Flore, couchée et placée sur le couvercle. Cet objet, remarquable par son volume, est en très-bon état.
36 — Calice à couvercle, orné de portraits historiques.
37 — Grand gobelet à pied et couvercle, ouvrage de tour.
38 — Vierge gothique dont les cheveux sont dorés.
39 — Gobelet avec bas-relief : le Jugement de Pâris.

40 — Boîte avec bas-relief : Jeux d'Enfants.

41 — Diptyque avec deux bas-reliefs : l'Adoration des Mages et le Crucifiement.

42 — *Idem* ; orné de quatre sujets de la Passion.

43 — Deux jolis bustes en pendants : Apollon et Antinoüs ; sur fût de colonne en jaune de Sienne.

44 — Triptyque gothique, d'une grande finesse ; orné de six sujets tirés de l'Histoire Sainte. Le haut de ce bel objet est terminé par des clochetons à jour.

45 — Petit bas-relief gothique : la Vierge et l'Enfant Jésus dans une boîte en bois d'ébène.

46 — Quatre grands bas-reliefs d'une belle exécution, cadres noirs avec moulures dorées, représentant les quatre Saisons.

47 — Bas-relief : Madeleine couchée ; auprès d'elle une Croix et une Tête de mort.

48 — Saint George debout sur un Lion ; il tient une Tête de mort, et un Christ est auprès de lui.

49 — Beau bas-relief : Judith et Holopherne ; composition de sept figures en forte saillie. Signé T. W.

50 — Bas-relief flamand : Homme et Femme ; cadre en bois d'ébène.

51 — Le Martyre de saint Étienne ; composition d'un grand nombre de très-petites figures en ronde bosse ; travail italien d'une grande délicatesse.

## Marbres et Albâtres sculptés.

52 — Bas-relief en marbre blanc : les trois Grâces.

53 — *Idem* ; l'Annonciation.

54 — Bénitier en marbre blanc, du temps de Loúis XV.

55 — Deux vases en marbre blanc d'une jolie forme; ils sont montés en bronze doré.

56 — Le Génie de la Justice; petite figurine en marbre blanc, sur plinthe en bois noir orné de cuivres.

57 — Tabernacle en marbres sculptés de diverses espèces, et orné de mosaïques. Il est surmonté d'une croix en marbre bleu turquin, décorée de mosaïques et de sculptures représentant des symboles religieux.

58 — Joli bas-relief : Jeux d'Enfants; style de François Flamand.

59 — Groupe de deux Enfants, en albâtre.

60 — Bas-relief en albâtre, travail du XVIe siècle, représentant le Jugement de Salomon; tous les détails sont rehaussés d'or.

61 — Idem : l'Enfant prodigue; travail du XVIe siècle.

62 — Idem : Saint Martyr.

63 — Deux Lions couchés, en marbre blanc, sur plinthe en brèche violette.

64 — Buste de Voltaire, par Rosset, en albâtre, sur fût de colonne cannelé en marbre blanc.

65 — Colonne torse cannelée en spirale, en albâtre oriental, avec chapiteau et base en cuivre doré; le piédestal en brèche africaine.

## Pierres gravées montées et non montées.

66 — Grand camée agate à trois couches : Buste de Ptolémée vu de profil; monté en or.

67 — Idem : Buste de Psyché, avec entourage en sardoine orientale; monté en or.

68 — Buste d'Agrippine, en calcédoine blanche, grenat et

or, sur fond de lapis lazuli; médaillon monté en or émaillé; ouvrage du xvi* siècle.

69 — Buste de Femme, appliqué en calcédoine blanche, sardoine et or, sur fond de lapis lazuli; médaillon monté en or et enrichi de rubis.

70 — Buste de Femme, en prime d'améthyste, avec draperies en or émaillé, sur fond de lapis lazuli.

71 — Grand talisman arabe, forme de cœur, en sardoine orientale; monté en or.

72 — Sardonyx orientale; camée représentant le Christ en croix; travail grec du Bas-Empire.

73 — Le Baptême de saint Jean, intaille sur cristal de roche; médaillon ovale monté en or émaillé; ouvrage du xvi* siècle.

74 — L'Annonciation, intaille sur cristal de roche; médaillon rond monté en or émaillé; même travail que le précédent.

75 — Neuf camées, travail du xvi* siècle, représentant des masques scéniques, sur sardonyx à plusieurs couches; ils sont montés en or et disposés pour chaînes de montre.

76 — Cornaline : Tête de Sibylle; intaille dans un médaillon d'or.

77 — Cornaline onyx à quatre couches : Tête de Minerve; camée monté en bague d'or.

78 — Sardonyx : Guerrier debout; intaille montée en bague.

79 — *Idem* à trois couches : Tête de Femme; camée monté en bague.

80 — *Idem* à deux couches : Femme debout; camée monté en bague.

81 — Jaspe onyx à deux couches : Tête de Guerrier casqué; monté en bague en bas or.

82 — Cornaline : Guerrier à genoux; intaille montée en bague d'or.

83 — Sardoine à deux couches : un Canard; camée antique, le relief blanc, sur fond de sardoine; monté en bague d'or.

84 — *Idem* à deux couches, masque scénique; camée monté en bague.

85 — *Idem* à trois couches : le Buste de Domitien; camée monté en bague.

86 — *Idem* à quatre couches, pierre baignée : Vénus au bain; joli camée monté en bague d'or.

87 — *Idem* à trois couches : Buste de Femme; camée attribué à Pikler, monté en bague.

88 — Agate onyx : Tête casquée; camée entouré de petites roses; monture en bague d'or émaillé.

89 — *Idem* à deux couches : Buste de Femme en regard avec une tête de Pan; camée du xvi<sup>e</sup> siècle, monté en bague.

90 — Sardonyx à trois couches : Tête de Mercure; intaille antique, montée en bague.

91 — *Idem* à deux couches; deux camées, l'un représentant un Guerrier debout, et l'autre Ganymède; montés en bague.

92 — *Idem* à deux couches; deux camées : une Tête de Chérubin et un Buste d'Homme; bague.

93 — Deux Scarabées antiques; l'un en sardonyx, l'autre en cornaline; montés en bague.

94 — Silex blanc : Buste de César, sur piédouche; en cuivre doré.

95 — Améthyste de couleur foncée; Buste d'Homme, avec piédouche en cornaline.

96 — Améthyste : Buste d'Homme, avec piédouche en agate.
97 — Agate veinée : Buste de Femme.
98 — Calcédoine blanche : le Buste du pape Benoît XIV, par Lambertini.
99 — *Idem*, petite statuette : la Vierge et l'Enfant Jésus ; travail du xvi<sup>e</sup> siècle ; elle est placée dans une niche en cristal de roche, exécutée d'un seul morceau ; avec garniture en argent doré.

### *Cristaux de roche et Agate travaillés.*

100 — Joli vase, en cristal de roche, orné d'arabesques gravées ; ouvrage du xvi<sup>e</sup> siècle ; avec monture à deux anses en argent doré.
101 — Divinité indienne ; en cristal de roche nébuleux, sur pied en bois de fer sculpté.
102 — Belle coupe ovale, à cannelures et à godrons.
103 — Deux flambeaux, formés de pièces d'enfilage.
104 — Petit baril, en cristal de roche, à deux compartiments, avec couvercles à charnières garnis en or.
105 — Coupe de forme très-élégante, ornée d'arabesques gravées et de deux anses ; monture en cuivre doré.
106 — Grande coupe de forme bizarre, avec arabesques gravées en creux ; elle est fixée sur son piédouche par un cercle en argent doré.
107 — Poire à poudre en jade vert, montée en argent doré et niellé.
108 — Poire d'amorce en jade blanc, terminée par une tête de gazelle en argent doré.
109 — Petite sphère céleste, en cristal de roche, dont tous les signes sont gravés en creux, sur pied en même matière, et monture en cuivre doré.
110 — Joli vase, en cristal de roche, de forme cylindrique, avec ornements d'arabesques gravés ; piédouche et couvercle montés en argent.

111 — Grand gobelet à couvercle, taillé à facettes; il est d'un cristal pur et limpide.
112 — Deux petits cachets; taille de Saint-Pétersbourg.
113 — Deux flacons d'une belle qualité de cristal.
114 — Buste chimérique dont la tête est en bronze.
115 — Cuiller, en cristal de roche; le manche est formé de grains d'enfilage avec grenat, et monté en argent doré.
116 — Petit vase à godrons; le couvercle garni en argent doré.
117 — Jolie coupe ronde, en agate orientale sardoinée.
118 — Coupe ovale, en agate d'Allemagne; montée en cuivre doré.
119 — Coupe ronde, en agate orientale mamelonnée; belle qualité.
120 — Petit vase, en jaspe sanguin; monté en or émaillé.
121 — Beau vase de forme cylindrique, en jaspe sanguin d'une belle qualité; les anses, formées par des serpents enlacés, sont en cuivre plaqué d'or. Ce bel objet provient de la vente du garde-meuble.
122 — Jade gris, jolie coupe ovale à godrons, avec anse évidée prise dans la masse; travail oriental.
123 — Petite coupe, forme coquetier, en agate d'Allemagne; montée sur pied élevé, en argent doré et émaillé.
124 — Petit vase à couvercle, en agate; monté en cuivre doré.
125 — Coffret en lapis lazuli, monté en argent doré; il provient de la collection de M. le marquis de Drée.
126 — Coupe ronde et sa soucoupe, en agate orientale d'une belle qualité, avec anse formée par des serpents en argent doré.
127 — Petit vase à godrons et à couvercle, en agate grise veinée, sur pied en cornaline.

128 — Grand et beau vase, en agate jaspée, entièrement évidé d'épaisseur; travail du xvi<sup>e</sup> siècle.
129 — Petit vase à couvercle, agate sardoine; monté en argent doré.
130 — Calice en ambre jaune translucide.
131 — Main avec croissant et figure de Vierge, en jayet; travail du xvi<sup>e</sup> siècle.
132 — Bénitier sculpté, en même matière.

### Tabatières et Bonbonnières.

133 — Jolie bonbonnière ovale, en cristal de roche; montée en or émaillé.
134 — *Idem* plus petite que la précédente.
135 — Tabatière ovale, en prime de grenat; montée en argent doré.
136 — *Idem* carré-long à pans coupés, en prime d'opale; montée en or.
137 — *Idem* forme baroque, en jaspe sanguin; monture à cage en or, du temps de Louis XV.
138 — *Idem* carré-long, agate d'Allemagne mamelonnée; montée en cuivre.
139 — *Idem* forme baroque, en agate orientale arborisée; monture à cage en or.
140 — *Idem* ovale, en prime d'améthyste; montée en or.
141 — *Idem* carrée, à pans coupés, agate orientale; monture à cage en or.
142 — Deux boîtes, l'une ronde, en serpentine noble, et l'autre carrée, en agate d'Allemagne.
143 — Boîte formée par une tête de Lion, sculptée dans le tronçon d'une grosse branche de corail; sur le couvercle en bas-relief: Vénus et l'Amour; elle est garnie en or.

144 — Boîte formée par une coquille, gravée à la manière des camées; d'un côté, Minerve debout; sur le couvercle, le portrait de George III, roi d'Angleterre; monture en argent doré.

145 — *Idem* carrée, en nacre de perle, avec ornements en or incrustés, et monture en or.

146 — *Idem* carré-long, avec sujets chinois exécutés en relief; montée en argent doré.

147 — *Idem* forme d'œuf, en agate orientale; monture en or.

148 — *Idem* en porcelaine de Saxe, fond or, avec médaillons à sujets; monture en or.

149 — *Idem* ronde en porcelaine de Saxe; elle est à double fond et contient un mouvement de montre; monture en or.

150 — *Idem* ronde, porcelaine de Saxe; médaillon à sujet; montée en argent doré.

151 — *Idem* ovale, vernis de Martin, fond or, avec sujets d'enfants, en grisaille.

152 — *Idem* ronde, vernis de Martin : la Toilette de Vénus; garnie en argent.

153 — *Idem* forme d'œuf, renfermant un nécessaire; vernis de Martin, fond or, avec enfants, en grisaille; garnie en argent doré.

154 — Trois boîtes, une en vernis de Martin, une en peau de requin et une en écaille.

155 — Tabatière carrée, en laque du Japon de belle qualité; monture à cage en or.

156 — *Idem* ronde, vernis noir; le couvercle est orné d'une plaque de laque du Japon de la plus belle qualité, avec petits reliefs en argent.

157 — *Idem* carrée en écaille, garnie en or; sur le couver-

cle, un beau portrait de mademoiselle de Fontange, par Soiron.

158 — *Idem* ronde en écaille noire; sur le couvercle, le portrait de Leicester, par Hall. Dans le double fond, une grisaille représentant la Toilette de Vénus.

159 — *Idem* ronde en racine de buis; sur le couvercle, un bouquet de fleurs, par Van-Splendonk.

160 — *Idem* forme baroque, en écaille, avec applique repoussée, en argent.

161 — *Idem* forme coquille, en écaille, avec incrustations d'argent.

162 — *Idem* trois, variées, dont une forme coquille, en jayet.

163 — *Idem* ovale, en écaille, avec incrustations en argent.

164 — Boîte à cigare, en écaille; garnie en argent.

165 — *Idem* en écaille, avec incrustations d'argent et nacre.

166 — Tabatière carrée, en écaille noire, avec ornements en or incrustés; garniture en or.

167 — *Idem* carrée, en or ciselé et feuillages en or de couleur; sur le couvercle, un repoussé d'une grande délicatesse de travail.

168 — Deux drageoirs; l'un en bronze tonkin, et l'autre en fer incrusté d'argent.

169 — Deux boîtes; une en cuivre à plusieurs compartiments, et l'autre en ivoire.

170 — Trois *idem*; une en cornaline, montée en argent doré, une en corne d'Irlande à deux tabacs, formée avec le sabot d'une biche, la troisième en lave, garnie en or.

171 — Petit nécessaire, vernis rouge, garni en or; sur le cou-

vercle, un émail grisaille, genre de Sauvage; à
l'intérieur quatre petits flacons en cristal de roche.

172 — Tabatière ovale, en argent; le couvercle est formé
par une plaque d'émail représentant un portrait de
Femme; travail allemand.

173 — *Idem* carré-long; sur le couvercle, une figurine repoussée, en forte saillie, représentant un Marchand
de liqueurs ambulant.

174 — *Idem* ovale en argent, avec bas-relief repoussé : la
Toilette de Vénus; beau travail.

## Bijoux et Objets d'orfévrerie.

175 — Étui en prime d'améthyste, monté en or; sur le
couvercle un petit Chien pris dans la masse, avec
collier en petits brillants.

176 — Flacon en cristal de roche; monté en or émaillé.

177 — Grande épingle de tête, avec buste enrichi de rubis,
saphirs et émeraudes.

178 — Pipe turque en or, dont plusieurs parties du tuyau
sont en jade vert.

179 — Tête d'oiseau antique, en or, avec perle baroque et
grenat.

180 — Deux boucles d'oreilles antiques, en or : l'Enlèvement
de Ganymède par un aigle.

181 — Étui en forme de gaine, en jaspe fleuri rouge, surmonté d'un buste de Femme en ivoire, avec roses
et grenat.

182 — Joli cachet formant étui, en argent niellé; travail
ancien, avec le buste de Henri IV ; intaille agate
grise.

183 — Petite cuiller en argent doré, avec tête chimérique, en relief et mascaron gravé; le manche en ivoire.

184 — Bracelet indien en argent repoussé, composé de cinq plaques représentant des Divinités du pays.

185 — Chaîne de chambellan, en argent.

186 — Deux jolis petits bas-reliefs repoussés : l'Annonciation; dans des cadres rocaille en argent repoussé.

187 — Bas-relief repoussé, en argent : la Délivrance d'Andromède.

188 — Médaillon en or repoussé : l'Intérieur d'un Temple.

189 — Deux petits bas-reliefs repoussés, représentant : l'un Suzanne au bain, et l'autre Diane surprise par Actéon. Les cadres en écaille sont du temps de Louis XIII.

190 — Petit livre dont la couverture est en argent; il contient trente-trois petites miniatures, par Bazin.

191 — Chapelet, formé de neuf boules en sardoine onyx orientale, alternées par des boules en filigrane d'or. Au bas est une croix en or émaillé.

192 — Joli panier de l'Inde, filigrane imitant de la vannerie.

193 — Gobelet à anse en filigrane ancien; à l'intérieur un verre bleu.

194 — Deux petites statues équestres : Henri IV et Sully, sur piédestaux en cuivre doré.

195 — Diadème oriental, filigrane orné de coraux.

196 — Grande boîte ovale, argent doré et gravé, avec quatre médaillons, sujets de sainteté.

197 — Douze cuillers anciennes; les manches sont terminés par de petites figurines, les douze Apôtres.

198 — Joli pot à bière, avec ornements repoussés; et per-

sonnages gravés ; l'anse est formée par une figure de Femme renversée, en argent doré.

199 — Calice forme de fruit ; le pied figure un tronc d'arbre.

200 — Couverture de livre, argent repoussé, représentant des sujets de sainteté.

201 — Deux figurines d'Anges ; la chevelure et les ailes sont dorées.

202 — Petit plateau avec fruits et fleurs ; travail repoussé très-fin.

203 — Idem, idem, idem.

204 — Coupe avec bas-relief, représentant la Charité romaine.

205 — Bénitier avec bas-relief repoussé : la Vierge et l'Enfan Jésus.

206 — Bas-relief d'argent repoussé, représentant l'Olympe, avec cercle émaillé.

206 — Idem : Diane surprise au bain ; joli travail.

208 — Idem : la Décollation de sainte Catherine.

209 — Petite figurine de Turc, en argent doré et perle baroque.

210 — Deux petits médaillons ovales, sujets mythologiques, émaillés sur or.

211 — Médaillon ovale, émaillé sur or, orné de sujets.

212 — Jolie petite chapelle en argent doré, enrichie de roses, rubis et émeraudes, avec miniatures, représentant la Crèche et la Cène, d'une grande finesse d'exécution.

213 — Petit médaillon, émaillé sur or, représentant Hippomène et Atalante.

214 — Médaillon rond en or repoussé et émaillé, représentant la continence de Scipion.

215 — Petite cassolette, en or émaillé.

216 — *Idem*, avec camée du xvi° siècle, ornée de huit brillants.

217 — Bel étui en or émaillé, avec perles fines.

218 — Croix en argent doré, avec Christ émaillé, enrichie de perles fines.

219 — Médaillon à huit pans, en argent avec peintures sur verre d'une grande finesse.

220 — Deux petits Cerfs en argent doré, dont les cornes sont en diamant.

221 — Bracelet indien, formé de deux Chimères en or repoussé, enrichi de rubis et émeraudes.

222 — Autre bracelet indien, à peu près semblable.

223 — Aigrette hongroise, en argent doré, ornée de perles fines, turquoises et grenat.

224 — Une *idem*, *idem*, *idem*.

225 — Coupe ovale en argent doré, enrichie de perles fines, turquoises et grenat.

226 — Petite cassolette en jaspe sanguin; montée en or.

227 — Épingle en or, avec agate orientale figurée, représentant un Dauphin.

228 — Bague en or, monture gothique, avec diamant dodécaèdre (forme cristalline naturelle).

229 — Autre bague de même genre, avec diamant octoèdre.

230 — Bague du temps de Louis XV; un vase de fleurs formé de rubis, diamants et émeraudes.

231 — Saphir chatoyant cabochon; monture gothique.

232 — Rubis cabochon; entouré de petites émeraudes; monture gothique.

233 — Bague du temps de Louis XV; un bouquet de fleurs en rubis et roses.

234 — Deux bagues; l'une en or émaillé avec diamants tables; l'autre du temps de Louis XV, avec diamant.

235 — Deux *idem*, en or émaillé, rubis et émeraudes.

236 — Deux *idem*; l'une en or émaillé avec hyacinthe, l'autre avec pâte bleue imitant le saphir; monture gothique en or.

237 — Deux *idem*; l'une à rosace de petits diamants, l'autre tout or, avec monogramme gothique.

238 — Deux *idem*; l'une en cristal de roche avec aiguille de titane, l'autre en saphir.

239 — Deux *idem*, en or émaillé, diamants tables, perles et rubis.

240 — Deux *idem*, hyacinthe et grenat; monture du xvi<sup>e</sup> siècle.

241 — Deux *idem*, rubis et bonne foi en or.

242 — Trois *idem*, saphir cabochon, turquoise et diamant.

243 — Trois *idem* du xvi<sup>e</sup> siècle, or émaillé et émeraude gravée.

244 — Bas-relief : le Martyre de saint Laurent.

245 — Gobelet, argent doré, avec sujets gravés et légendes allemandes.

246 — Paix gothique en argent, avec portrait d'un saint personnage; émail allemand très-ancien.

247 — Coupe et plateau filigrane d'argent, garni de plaques en cristal de roche.

248 — Grand plateau, à feuillages d'ornement, en argent repoussé, disposés par compartiments et enchâssant des plaques de cristal de roche très-limpide.

249 — Petit bas-relief rond : le Martyre de saint Laurent.

250 — Grande décoration d'Espagne; monture en argent avec stras, grenat et petites émeraudes.

## Médailles en argent.

251 — Frédéric électeur de Saxe, avec date de 1535.
252 — Médaillon, avec deux sujets de sainteté.
253 — Gustave-Adolphe, en argent doré et émaillé.
254 — Grande et belle médaille, avec deux sujets allégoriques.
255 — Gustave-Adolphe.
256 — Médaille, argent doré dans un cadre ciselé.
257 — Christine de Suède.
258 — Gustave-Adolphe, avec encadrement à feuillages.
259 — Frédéric-Ulric, date de 1617.
260 — Innocent XII.
261 — Prix de l'École de peinture à Rome.
262 — Décoration de Saint-George.
263 — Grande médaille suisse, avec les armoiries de tous les cantons.

## Bronzes.

264 — David tenant d'une main la fronde, et de l'autre la pierre dont il a frappé Goliath; joli bronze italien, très-léger de fonte.
265 — Diane chasseresse, bronze doré sur fût de colonne, garni de bronze.
266 — Ange tenant un marteau, et les clous du Christ; à ses pieds sont des dés à jouer; bronze italien.
267 — Voltaire et Rousseau, bronzes anciens très-bien terminés; sur fût de colonne cannelé en marbre blanc.
268 — Petite statuette: Sorcière montée sur un bouc; bronze ancien.

269 — Deux médaillons: Louis XVI et Marie-Antoinette.
270 — Bas-relief d'après Claudion : Jeux d'Enfants et Satyres.
271 — Un chenet de Boule ; Enfant tenant un soufflet et des fruits.
272 — Presse-papier : un Enfant chinois sur un coussin en cuivre doré, avec plinthe en griotte.
273 — Hercule debout, petite figurine en bronze doré, sur piédestal en bois noir, avec lapis.
274 — Vénus sortant du bain ; bronze italien très-léger.
375 — Deux presse-papiers, avec Lévriers en cuivre doré.
276 — Petite figurine : le Joueur de musette.
277 — Petite figurine : Savoyard en voyage.
278 — Trinité indienne; trois petites Divinités de l'Inde devant un temple.
279 — Une Lionne ; bronze italien ancien, sur socle au vert de mer.
280 — Deux petits Lévriers.
281 — Bas-relief : Vénus sortant du bain.

### Objets en étain.

282 — Grand plat rond, avec de riches arabesques et médaillons à sujets profanes et sacrés, par Briot.
283 — Deux petites assiettes, arabesques et enfants.
284 — Deux *idem*, dont une est festonnée avec armoiries des cantons suisses, l'autre avec les Électeurs d'Allemagne.
285 — Deux *idem* : les Électeurs de l'Empire et les quatre Saisons.
286 — Deux *idem*, avec sujets de l'Histoire Sainte ; une est coloriée.

287 — Deux petites assiettes, arabesques et fleurs.
288 — Pot à bière, arabesques et figures.
289 — *Idem* en bois, avec incrustations en étain.
290 — *Idem*, arabesques et figures.

### *Porcelaines diverses.*

291 — Tasse et soucoupe, porcelaine de Sèvres, fond vert, ornées de fleurs et d'émaux.
292 — Écuelle à couvercle et plateau, porcelaine de Sèvres, à bouquets de roses.
293 — Petite lampe à esprit-de-vin, fond bleu avec bouquets de fleurs; montée en cuivre doré.
294 — Tasse et soucoupe, porcelaine de Sèvres moderne, dessins en relief blanc sur or.
295 — Pot à bière, porcelaine d'Allemagne, couvercle et garniture en argent doré.
296 — Deux plateaux de forme baroque, garnis chacun de six tasses à glaces, porcelaine de Saxe; ornés de fleurs et miniatures très-fines.
297 — Boîte festonnée, porcelaine de Saxe; sur le couvercle un sujet chinois très-fin.
298 — Deux groupes d'Enfants, porcelaine de Saxe.
299 — Vase cylindrique à dessins à jour, garni de cuivre doré.
300 — Deux bouteilles en porcelaine de Chine.
301 — Baignerole ovale, porcelaine de Sèvres, bleu turquoise à bouquets de fleurs.
302 — Tasse et soucoupe, porcelaine de Sèvres, bleu de roi, ornées d'émaux.

## Faïence de Faenza.

303 — Grand plat représentant un Enlèvement.
304 — *Idem* : Suzanne au bain, avec cadre en bois doré.
305 — *Idem* : Josué, avec cadre en bois doré.
306 — *Idem* : Une exécution, *idem*.
307 — *Idem* : Moïse sauvé des eaux, *idem*.
308 — *Idem* : Un enfant tiré d'un arbre.
309 — *Idem* ; arabesques en grisaille, sur fond vert.
310 — *Idem* : Tête de Femme, vue de face.
311 — *Idem* : la Conversion de saint Paul.
312 — Deux *idem* à dessins bleus, avec armoiries.
313 — Quatre *idem*, dont trois sont à figures.
314 — Un *idem* à dessin, arabesques avec armoiries.
315 — Belle bouteille de forme aplatie et à deux anses ; d'un côté, le Triomphe de Bacchus, et de l'autre, Persée coupant la tête de Méduse.
316 — Six assiettes aux armes de Médicis.
317 — Petite coupe à pied élevé, dessins à reflets métalliques.
318 — Deux tasses et leurs soucoupes, avec paysages et arabesques.
319 — Deux *idem*, avec figures d'Anges et arabesques.

## Verreries vénitiennes.

320 — Grande et belle coupe en verre violet, avec guirlande de fruits et bordure émaillées, sur un fond doré.
321 — Coupe en verre blanc, avec riche bordure émaillée, sur fond doré.

322 — Grand plateau sur piédouche, verre grisaille craquelé. Il est de belle forme et curieux de travail.

323 — Coupe festonnée, à filigrane blanc; belle de forme et de qualité.

324 — Autre belle coupe ronde à filigrane blanc; les dessins sont disposés en spirale.

325 — Coupe à godrons, bordure et rosace émaillées et dorées.

326 — Assiette à filigranes blancs entre-croisés.

327 — Grande coupe festonnée; filigrane blanc.

328 — *Idem* à piédouche, verre imitant la sardoine; belle qualité et forme agréable.

329 — Gobelet forme de botte, verre blanc gravé à la pointe.

330 — Petite bouteille, verre opale; montée en argent.

331 — Gobelet de forme évasée, à pied élevé, avec ornements en verre bleu.

332 — Verre à pied, filigrane blanc.

333 — *Idem* forme très-évasée, sur pied à mascarons, et partagé au milieu par un filet veiné de blanc.

334 — Joli verre à pied, à filets blancs disposés en spirale.

335 — Coupe à pied et à filigrane blanc.

336 — Jolie coupe sur pied très-élevé, verre blanc avec arabesques gravées.

337 — Coupe à pied, à filigrane blanc.

338 — Coupe ovale; à l'intérieur, un Lion dont la queue se termine par un tube.

339 — Jolie coupe gravée, dont le pied est orné de filets bleus.

340 — Gobelets avec fleurs et bordure émaillées en couleur.

341 — Coupe plate, à filigrane blanc

342 — Espèce de biberon à deux ouvertures, avec filets bleus.
343 — Pot à eau, forme grecque, filigrane blanc.
344 — Jolie coupe sans pied, verre blanc, décorée d'émaux de couleur sur fond doré.
345 — Bouteille à long col, de forme bizarre.
346 — Gobelet allemand, orné de deux personnages émaillés en couleur, avec inscription.
347 — Coupe à pied, à filigrane blanc.
348 — Gobelet avec ornements émaillés.
349 — Calice à filigrane blanc; jolie forme et belle qualité.
350 — Flacon à deux anses et couvercle, filigrane blanc.
351 — Un autre à peu près semblable.
352 — Grand gobelet, verre brun moucheté de blanc et aventurine, imitation de granit.
353 — Deux vases, verre émeraude; monture du xvie siècle, en cuivre doré.
354 — Beau gobelet à filigrane blanc et aventurine.
355 — Deux coupes très-évasées, à filigrane blanc par moitié de la coupe.
356 — Vidrecome à couvercle, à filigrane blanc.
357 — Verre à vin de Champagne, avec ornements gravés.
358 — Pot à anse, verre blanc doré.
359 — Grand calice, verre blanc à côtes et gravé; sur le couvercle un second calice de même forme.
360 — Bouteille carrée, avec peinture et dorure.
361 — Très-belle aiguière, à filigrane blanc; forme grecque; avec cercle en argent au pied.
362 — Vase de forme bizarre.
363 — Vidrecome allemand, avec armoiries émaillées en couleur.

364 — Verre dont le pied élevé est formé par des serpents enlacés.
365 — Vidrecome, avec armoiries allemandes émaillées.
366 — *Idem*,    *idem* bleu et blanc.
377 — Verre dont le pied est à jour.
368 — Verre de forme cylindrique avec couvercle, filigrane blanc.

### Vitraux.

369 — Grand vitrail grisaille, à arabesques et médaillons.
370 — Vitrail suisse colorié; armoirie, et date de 1588.
371 — *Idem* : Bethsabée surprise au bain par David. 1614.
372 — *Idem* : l'Adoration des Mages. 1568.
373 — *Idem* ; armoirie suisse. 1610.
374 — *Idem*, *idem*; très-belle couleur.
375 — *Idem* ; personnage en costume suisse. 1548.
376 — *Idem* ; armoirie très-riche; au-dessus un sujet représentant une ville prise d'assaut. 1642.
377 — *Idem* : Saint George. 1605.
378 — *Idem* : un Guerrier armé, avec armoirie. 1632.
379 — *Idem* : deux Hommes armés; dans le haut un Laboureur à la charrue. 1610.
380 — *Idem* ; armoirie; dans le haut, deux sujets de la création du monde. 1565.
381 — Vitrail grisaille : un saint Personnage distribuant des aumônes.
382 — *Idem* rond grisaille : la Circoncision de l'Enfant Jésus.
383 — *Idem* ; armoirie, et la Chasse au cerf. 1657.
384 — *Idem* : le Baptême de Jésus-Christ. 1647.
385 — *Idem* : David et Goliath. 1624.
386 — *Idem* : la chaste Suzanne. 1634.

387 — Vitrail : une Chaumière et Paysans. 1605.

388 — *Idem* : le Jugement de Salomon. 1589.

389 — *Idem* grisaille, le bon Pasteur.

390 — *Idem* colorié : la Décapitation de saint Jean. 1640.

391 — *Idem* : le Martyre de saint Sébastien. 1600.

392 — *Idem* : le Martyre de saint Étienne.

393 — *Idem* : Jésus crucifié, la Vierge et saint Jean. 1572.

394 — Grisaille, fragment d'un grand vitrail : un Ange.

## Curiosités chinoises.

395 — Jolie boîte forme losange, sur son pied; laque usé fond noir; belle qualité.

396 — Bol à couvercle, laque vert, avec fleurs d'or et coloriées.

397 — Deux belles boîtes de forme baroque, renfermant chacune deux autres boîtes de même forme ; laque fond noir à dessins d'or; d'une très-belle qualité.

398 — Deux petits cornets; laque usé.

399 — Deux figurines : Femmes chinoises, en pierre de lard grisâtre, d'une grande perfection de travail. Les vêtements sont décorés de dessins d'or, très-délicatement gravés ; ces figures sont placées sur des rochers en même matière.

400 — Très-jolie plaque de ceinture en jade blanc, travaillée à jour, offrant deux dessins entre-croisés. Cet objet est remarquable par la difficulté du travail.

401 — Coupe en pierre de lard; elle représente la moitié d'un fruit, avec une branche de fleurs formant l'anse.

402 — Dieu infernal, debout sur la tête d'un cheval marin; bronze chinois très-curieux.

103 — Deux personnages chinois, en pierre de lard, d'une belle qualité : l'un rouge et l'autre jaunâtre, sur piédestaux en pierre de lard noire.

104 — Mandarin portant un sceptre; sa robe a des ornements gravés et dorés; sur piédestal en pierre de lard noire.

105 — Boîte à plusieurs étages avec pied et couvercle à jour; laque de Chine noir et or.

106 — Peinture sur verre : une Femme chinoise faisant de la musique.

107 — Deux Paysages chinois avec figures.

108 — Deux feuilles de plantes aquatiques, dont il ne reste plus que les nervures, avec peintures chinoises.

109 — Flacon en forme de poisson, en argent, sur pied en bois de fer.

110 — Deux plateaux, forme de feuilles, filigrane d'argent orné de fleurs émaillées.

111 — Crabe formant cassolette, filigrane d'argent d'un travail très-délicat.

112 — Deux flacons sur plateau, filigrane avec fleurs émaillées.

113 — Tasse et soucoupe; filigrane d'argent doré.

114 — Petit vase carré, à parfums, en pierre de lard blanche.

115 — Théière en pierre de lard, avec branchages et fleurs au pourtour.

116 — Vase carré, en pierre de lard blanche; belle qualité.

117 — Petit porte-pinceaux, pierre de lard blanche sculptée.

118 — Vase en pâte de riz, avec ornements gravés.

119 — Deux tableaux, avec figures d'applique en pierre de lard, sur fond de bambou.

120 — Deux tasses à couvercle sur plateau, plus une boîte ronde; laque noir à dessins d'or.

421 — Trois bols, en laque aventuriné, à dessins d'or.

422 — Boîte à deux étages, forme de livre, laque rouge et or.

423 — Deux plats, laque de Chine, fond noir et or.

424 — Boîte à cinq compartiments ; vieux laque noir et or.

425 — Joli petit plateau en laque usé ; belle qualité.

426 — Petite boîte en laque usé, très-fin ; l'intérieur aventuriné.

427 — Petite boîte forme d'éventail, laque du Japon, fond or.

428 — Deux cornets ou pitougs en pierre de lard blanche, figurant des rochers entourés de branches de fleurs.

429 — Figure de Femme portant un vase, pierre de lard rosée, sur pied en pierre de lard noire.

430 — Chinois assis, en pierre de lard verte.

431 — Deux pièces, dont une boîte en laque noir ; sur le couvercle un Coq dessiné en or, et un petit plateau laqué, fond or, imitant une feuille.

432 — Théière carnée, avec ornements en relief et dorés, en terre de Bocaro.

433 — Trois théières variées, en terre de Bocaro.

434 — Coupe dont l'anse est formée par une branche de fleurs, terre de Bocaro grisâtre.

435 — Deux vases d'applique en porcelaine, à dessins bleus et fleurs en relief.

436 — Branche de fruits en fleurs, en porcelaine, formant tasse et soucoupe.

437 — Chinois assis, terre brune émaillée de belles couleurs vives.

438 — Deux présentoirs en émail, fond bleu et fleurs.

439 — Petite cantine, laque rouge et vert.

110 — Une autre semblable.

111 — Petit canapé en bois laqué, en brun.

112 — Petit tableau peint sur miroir: Jeune Homme et jeune Fille.

113 — Boîte carrée, laque de Chine, munie de deux anses en cuivre.

114 — Deux boîtes rondes, laque jaune et noir.

115 — Bouquet de fleurs et fruits exécuté en pierres fines et perles ; travail précieux.

116 — Boîte en argent, de forme contournée, avec ornements repoussés et incrustations de nacre de perle.

117 — Deux figures en porcelaine.

118 — Petit arbre avec oiseau, porcelaine émaillée bleue turquoise.

119 — Rocher avec Chimère, bel émail sur porcelaine.

150 — Deux boules en porcelaine, avec dessins à jour.

151 — Plateau avec fruits en pyramide, porcelaine de Chine.

## Objets divers.

152 — Meuble à deux corps, du temps de Louis XIII; il est en écaille rouge et ébène, avec ornements en cuivre repoussés : la partie supérieure est garnie de tiroirs, et le bas se ferme à deux portes.

153 — Cage de pendule en ébène, garnie de bronze ciselé ; elle est très-riche d'effet.

154 — Deux petites boîtes carrées en ébène, ornées chacune de deux plaques en vernis de Martin, imitant le laque.

155 — Figure chinoise en bois, vernis de Martin, imitant le laque.

— 35 —

156 — Bourse ancienne formée de deux plaques émaillées représentant des sujets de piété.

157 — Christ en corail sur croix en cristal de roche, placée sur un groupe naturel de cristaux d'améthyste. La croix est garnie en filigrane d'argent doré avec turquoises.

158 — Quatre bas-reliefs ronds, en terre cuite, représentant : Méléagre, la Famille de Niobé, un Festin de Bacchus et le Baptême de Jésus.

159 — Joli coffret gothique en bois sculpté, avec serrure travaillée dans le même style.

160 — Métier à broder, en marqueterie très-fine, bois et ivoire.

161 — Vase en tôle, vernis de Martin, avec miniature et anses en cuivre doré.

162 — Petit coffret en écaille garni de filigranes d'argent.

163 — Sablier en ébène, orné de rosaces en ivoire.

164 — Gobelet de chasse en corne sculptée, avec bas-reliefs.

165 — Saint Sébastien percé de flèches et attaché à un arbre. Cette belle pièce, en corail, est remarquable par son volume.

166 — Petit cabinet en bois de palixandre; à l'intérieur, des tiroirs en marqueterie de cuivre sur écaille rouge.

167 — Bas-relief en terre cuite, sujet flamand : Deux Buveurs.

168 — Petit coffret renfermant quatre flacons à odeur; il est en bois vernis et orné de cinq miniatures indiennes d'une grande finesse.

169 — Douze Éventails anciens, en nacre et ivoire, seront vendus, par lots, sous ce numéros.

170 — Un grand paravent de huit feuilles, peintures sur cuir, fond or, représentant des vases et corbeilles

3

de fleurs et oiseaux; Les peintures sont bien conservées, et de couleurs vives. Hauteur, dix pieds environ.

171 — Sous ce numéro seront vendus quelques articles non catalogués.

On vendra également l'objet suivant, appartenant à M. Louis DEBRUGE, neveu de M. DEBRUGE DUMENIL :

Un Triptyque en bois sculpté, ou dessus d'autel haut de dix pieds et large d'autant, représentant la vie du Christ; fait en 1521. — Cette pièce est remarquable par sa conservation, l'attitude et le caractère de chaque personnage, la délicatesse et la richesse des ornements. Les vitraux, les culs-de-lampe, la double frise d'en haut et l'arbre généalogique qui entoure la partie du milieu doivent fixer l'attention des artistes.

www.ingramcontent.com/pod-product-compliance
Lightning Source LLC
Chambersburg PA
CBHW030102230526
45471CB00003B/1216